Dieses Buch kann alleine lesen:
ELLA-FELUR

Das große Buch zum Lesenlernen

CARLSEN

Inhalt

Eine Nacht im Zelt 9

Otto auf der Ritterburg 35

Kükenalarm auf dem Bauernhof 61

Das beste Fahrrad der Welt 87

Autoren und Illustratoren 112

Liebe Eltern 114

Eine Nacht im Zelt

Eine Geschichte von Antje Schwenker
mit Bildern von Sigrid Leberer

Endlich Ferien!

Oben auf dem  sitzen

Hanna und ihr Bruder Anton.

Sie haben Ferien. Endlich!

Die  scheint, aber die beiden

sehen traurig aus.

„Lukas fährt nach Italien,

mit dem  ", sagt Anton.

„Und Jule fliegt mit dem

nach Spanien."

Weil Oma krank im  liegt,

bleiben Anton und Hanna zu Hause.

Hanna pflückt .

„Komm, wir spielen

mit dem ",

sagt Hanna zu ihrem Bruder.

Anton setzt das Lola

ins Gras.

Aber Lola versteckt sich

in ihrem .

Das Turnen auf dem

macht ohne Freunde keinen Spaß.

Sogar das  bleibt

in der Ecke liegen.

Da fährt Lukas im  vorbei:

„Bis in zwei Wochen!",

ruft er und winkt.

Nur die lacht.

„Ich habe eine Idee!",

ruft Hanna.

„Mit dem  spielen wir Verreisen."

„Wir brauchen einen ",

sagt Anton begeistert.

„Und die  nicht vergessen!"

Sie sausen los.

Der wundert sich.

Ein fliegt

vor Schreck davon.

Leserätsel

Wohin fährt Lukas? Kreuze an.

○ nach Spanien

☒ nach Italien

○ nach Frankreich

Wie verreist Jule?

○ mit der Bahn

○ mit dem Wohnmobil

☒ mit dem Flugzeug

Warum bleiben Hanna und Anton zu Hause?

☒ Weil Oma krank ist.

◯ Weil Opa krank ist.

◯ Weil das Auto kaputt ist.

Wie heißt das Meerschweinchen?

◯ Lilo

◯ Lila

◯ Lolli

☒ Lola

Zelten ist ein Abenteuer!

Anton holt das

und die 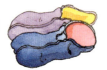 .

Hanna bekommt von Mama

eine Limonade und zwei . .

Und eine Tüte . Lecker!

Das soll vor dem

 aufgebaut werden,

gleich neben der Sandkiste.

Papa hilft ihnen.

Mit dem schlägt er

 in die Erde.

Das ist rot wie ein .

Gleich sind sie fertig.

Nicht einmal der

von nebenan bemerkt

die dicken  am Himmel.

Mit , Kissen und Decken

sieht es im richtig kuschelig aus.

Sogar der Käfig des

passt in die Ecke.

Nur noch  Tom

und Timo fehlen.

Dann ist das

fertig für die Nacht.

Anton und Hanna kriechen in

die  .

Sie finden alles sehr spannend.

Die ist untergegangen.

Hanna sieht  am Himmel.

Flattert dort eine  ?

Hanna schüttelt sich.

Sie mag keine  .

Mama und Papa sagen gute Nacht.

Leserätsel

Was brauchen Hanna und Anton zum Zelten? Kreuze an.

- ☒ Schlafsack
- ☐ Gummistiefel
- ☐ Schnuller
- ☒ Kopfkissen
- ☒ Springseil
- ☐ Hammer
- ☒ Heringe
- ☐ Hummer

Nebenan wohnt ...

- ○ ein Dackel
- ○ ein Riesenschnauzer
- ○ eine Katze
- ✗ ein Schäferhund

Welches Tier mag Hanna nicht?
Kreuze es an.

Im Dunkel der Nacht

Im  ist es unheimlich.

Hanna erzählt eine Geschichte

von einem .

Anton gruselt sich.

Das 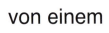 raschelt im Käfig.

Es ist fast dunkel.

Nur die leuchtet.

Jedes Knacken ist lauter als sonst.

War das ein ?

Plötzlich wird es hell.

„Ein 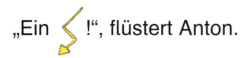 !", flüstert Anton.

Schon donnert es.

Das  knarrt.

Ist da jemand?

Der  nebenan bellt.

„Das  hat Angst",

sagt Hanna leise.

Auf das  fallen erste

Tropfen. Anton öffnet den  .

„Komm, wir laufen ins Haus",

sagt Hanna.

Noch ein ⚡ leuchtet auf.

Mit der 🔦 schauen sich

Anton und Hanna um.

Eine  kriecht über den Weg.

Ein Igel huscht unter einen Busch.

Im Dunkeln sieht der Baum aus

wie ein 👻 .

„Drinnen ist es gemütlicher", sagt Anton.

Hanna sagt: „Wir dürfen das

 nicht vergessen!"

Papa wartet schon an der Tür.

„Lola hat Angst", sagt Anton.

Mama bringt sie ins  .

Das ist warm und weich.

Hanna und Anton gähnen.

Sogar das  gähnt.

Es rollt sich in seinem

zusammen und schläft ein.

„Morgen schlafen wir wieder

im  ",

murmelt Hanna müde.

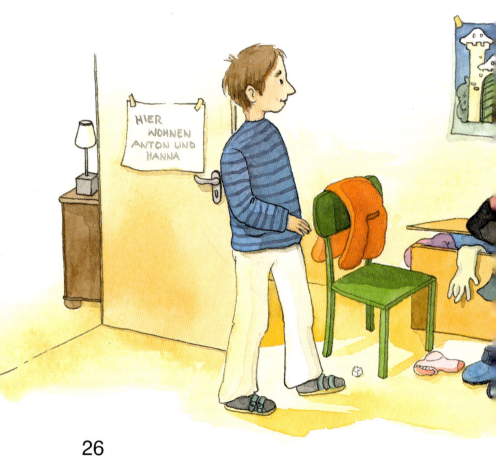

„Aber ohne ", sagt Anton.

„Sonst hat es wieder Angst vor einem !"

Wörterliste

 Klettergerüst   Skateboard

 Sonne   Zelt

 Wohnmobil   Schlafsack

 Flugzeug   Taschenlampe

 Bett   Gartenzwerg

 Löwenzahn   Schmetterling

 Meerschweinchen Schlafsäcke

 Häuschen   Flasche

Becher Sterne

 Kartoffelchips Fledermaus

 Hammer Fledermäuse

 Heringe Gespenst

 Feuerwehrauto Eichhörnchen

 Schäferhund Blitz

 Wolken Reißverschluss

 Hase Schnecke

 Teddy

Das alles brauchst du für eine gemütliche Übernachtung im Garten:

Lösungen

S. 20/21:
Schlafsack, Kopfkissen, Hammer, Heringe.
Nebenan wohnt ein Schäferhund.
Hanna mag keine Fledermäuse.

S. 14/15:
Lukas fährt nach Italien.
Jule verreist mit dem Flugzeug.
Hanna und Anton bleiben zu Hause, weil Oma krank ist.
Das Meerschweinchen heißt Lola.

Otto auf der Ritterburg

Eine Geschichte von Manuela Mechtel
mit Bildern von Peter Friedl

Auf der Burg

Der 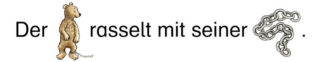 rasselt mit seiner .

Davon wird Otto wach.

Sein Vater bringt gerade

einen  voll .

Der hat Durst. Er trinkt viel.

Otto auch.

Die  ist schon aufgegangen.

Otto läuft zur Küche. Er ist erst seit

gestern auf der .

„Da bist du ja!", freut sich Kuno.

Er ist so alt wie Otto: 7 Jahre.

Auf dem steht

eine Haferbrei für alle.

Otto hat seinen mitgebracht.

Er langt zu.

Die Küche riecht nach Rauch.

Ein ganzes am Spieß

hängt über dem im Kamin

für das Fest heute Abend.

„Komm, ich zeig dir die ",

schlägt Kuno vor.

Er ist Page beim Burgherrn,

 Roland.

Ein Page dient dem

und wird später selbst einer.

Kuno hat ein aus Holz.

Kuno lernt schreiben und reiten.

Er hat ein eigenes

und eine eigene für seine Sachen.

Otto staunt.

Er schläft immer auf .

Ein  kennt er nicht.

Leserätsel

Was stimmt? Kreuze an.

Der Bär trinkt

○ Limo

✗ Wasser

○ Bier

Was gibt es in der Küche zu essen?

✗ Müsli

✗ Haferbrei

✗ Pommes frites

Was bringt Otto zum Essen mit?

- ⊗ einen Teller
- ○ eine Gabel
- ✗ einen Löffel
- ○ ein Tischtuch

Das Turnier

Ottos Eltern haben ein

und einen .

Der läuft immer zu .

Er kann tanzen.

Ottos Mutter macht Musik

mit ihrer Fiedel.

Ottos Vater kann spucken

und mit jonglieren.

Das kann Otto auch schon!

Die 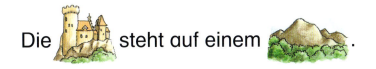 steht auf einem 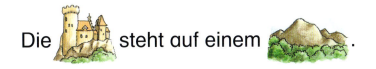.

Kuno führt Otto auf den höchsten

 auf der .

Die beiden sehen viele  kommen.

Mit ihren Frauen, den Pagen

und Knappen reiten sie

über die Zugbrücke.

Heute ist ein Turnier.

Gestern hat Kuno den

von Roland geputzt.

Und auch seinen Schild und seine .

Auf dem Schild des

sieht man das Wappen mit dem .

Die Gäste sind alle da.

Die Frauen haben sich schön gemacht

mit herrlichen .

Zuerst tanzt der !

Dann jongliert Otto

mit zwei   und einem .

Wenn Otto dem Bären einen

zuwirft, wirft ihn der zurück.

Wirft Otto aber den ,

frisst ihn der  auf.

Die Zuschauer klatschen.

Sie sind begeistert.

Leserätsel

Welches Tier ist in Ritter Rolands Wappen zu sehen?

- ein Adler
- ein Elefant
- ~~ein Löwe~~
- eine Maus

Welches Instrument spielt Ottos Mutter?

- Klavier
- Flöte
- Fiedel
- Schlagzeug

Womit jongliert Otto? Achtung: Fangfrage!

- mit Birnen
- mit einem Apfel
- mit Obstsalat
- mit zwei Bällen

Das Turnier beginnt

Immer zwei 🗡️🛡️ versuchen,

sich gegenseitig mit ihren 🏹

vom 🐴 zu holen.

Jeder Gewinner darf gegen den

nächsten kämpfen.

Wer am Ende übrig bleibt,

gewinnt einen Pokal aus Gold.

 Eckbert ist der Sieger!

Ottos Vater wirbelt  fackeln

in den Nachthimmel.

Danach gibt es ein Festessen mit

Als alle satt sind,

spielt Ottos Mutter auf ihrer Fiedel.

Alle tanzen, bis die ☀ aufgeht.

Am nächsten Tag sagt

 Roland, der  herr,

zu Ottos Eltern:

„Der Wind ist schon kalt.

Bald friert der graben zu.

Bleibt doch zu Gast auf meiner !

Ihr könnt weiter im wohnen."

Ottos Eltern sind froh.

Der Winter ist hart und lang.

Und der braucht seinen Winterschlaf.

Als der erste Schnee fällt,

schläft der  ein.

Otto darf mit Kuno

schreiben lernen.

Der Lehrer ist Pater Konrad.

Die Schule ist die kapelle.

Otto bekommt ein leeres ,

ein  und eine .

Kuno lernt von Otto,

mit 🎾 🔴 zu jonglieren.

Das kann er bald auch gut.

Sie reiten zusammen

auf einem 🐎 .

Sie sehen dem Schmied zu,

wie er ein 🧲 macht.

Sie balgen mit den 🐕

und üben kämpfen.

Als im Frühling die ersten 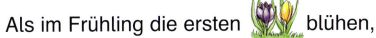 blühen,

wacht der wieder auf.

Ottos Vater spannt das

vor den  .

Kuno schenkt Otto sein

aus Holz zum Abschied.

Bis zum nächsten Mal!

Wörterliste

 Bär

 Wildschwein

 Kette

 Feuer

 Eimer

 Ritter

 Wasser

 Schwert

 Sonne

 Bett

 Burg

 Truhe

 Tisch

 Stroh

 Schüssel

 Pferd

 Löffel

 Wagen

Fuß    Gänse

 Bälle   Kaninchen

 Berg   Stall

 Turm   Buch

 Helm   Tintenfass

 Lanze   Feder

 Löwe   Hufeisen

 Hüte   Hunde

 Apfel   Blumen

Das ist die Burg, auf der Otto wohnt:

Lösungen

S. 40/41:
Der Bär trinkt Wasser.
In der Küche gibt es Haferbrei.
Otto hat seinen Löffel mitgebracht.

S. 46/47:
In Ritter Rolands Wappen ist ein Löwe zu sehen.
Ottos Mutter spielt auf einer Fiedel.
Otto jongliert mit zwei Bällen und einem Apfel.

Kükenalarm auf dem Bauernhof

Eine Geschichte von Ulrike Pohlmann
mit Bildern von Irmtraut Teltau

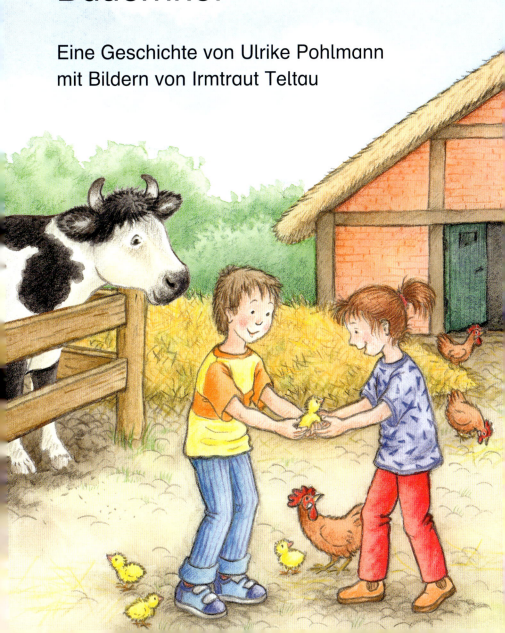

Lena und die Küken

„Endlich Ferien!", denkt Lena.

Das 📱 klingelt.

„Die 🐥🐥 sind da!", brüllt Paul

in den Hörer und legt dann auf.

Paul ist Lenas Freund.

Paul wohnt auf einem  .

Paul und Lena gehen zusammen

in die Schule.

Lena schnappt sich ihr  .

Sie fährt damit zum  .

Sie wird von Paul schon

am erwartet.

„Lass uns gleich nach

den  sehen!", meint er.

Als Lena in den kommt,

sieht sie die Küken sofort.

„Oh, wie niedlich!

Wie viele sind es denn?", fragt sie.

„Zehn", antwortet Paul.

Zehn flauschige gelbe  kuscheln unter den ihrer Mutter.

Sie sitzen in einer Ecke des .

„Henriette, das hast du sehr gut gemacht", lobt Lena.

Der  Alfons beobachtet stolz seine Kinderschar.

Lena kniet sich ins .

Sie nimmt ein in die Hand.

Mit der anderen Hand

bedeckt sie das 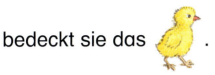 .

So hat es keine Angst.

Sofort kuschelt es sich hinein

wie in ein Nest.

„Dich nenne ich Pieps", sagt Lena.

Das piepst zweimal.

Das heißt: Einverstanden!

Leserätsel

Wer ist Pieps? Male das richtige Bild an.

Was ist richtig? Kreuze an.

- ⬤ Paul ist Lenas Bruder.
- ○ Paul ist Lenas Freund.
- ○ Lena geht mit Paul zur Schule.
- ○ Lena geht in den Kindergarten.
- ○ Pieps ist die Schwester von Lena.

Amanda ist weg!

Paul schaut sich im  um.

Da stimmt etwas nicht.

Er zählt die 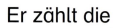 .

„Ein fehlt!

Amanda ist weg!",

ruft er aufgeregt.

„Wie, weg?", fragt Lena.

„Die Tür war doch zu!"

„Ich weiß auch nicht, wie",

antwortet Paul.

„Aber Amanda ist

mal wieder ausgerissen."

Amanda, das braune

mit dem weißen Fleck

auf dem roten , liebt es,

Ausflüge zu machen.

„Wir müssen Amanda suchen",

sagt Paul.

„Sie hat bestimmt 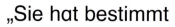 gelegt!"

Lena meint:

„Vielleicht hat sie sich

in den

am  versteckt.

Los, lass uns nachsehen!"

Paul und Lena rennen los.

Sie müssen Amanda finden,

bevor sie dem  begegnet!

Sie suchen das Ufer am  ab.

In jedem  sehen sie nach.

Aber keine ⟨Spuren⟩ von Amanda.

Amanda ist schlau.

Wo kann sie nur sein?

Leserätsel

Was machen Lena und Paul?

Kreise den richtigen Satz ein.

✎ Lena und Paul spielen am Bach.

✎ Lena und Paul laufen um die Wette.

✎ Lena und Paul suchen Amanda.

✎ Lena und Paul bauen eine Höhle.

Findest du die zwölf Unterschiede?

Das Versteck

Auf der Suche nach dem

klettert Lena die

zum Heuboden hoch.

Die ist sehr lang.

Und die ist alt.

„Vorsicht!", sagt Paul.

Knarz, macht die erste Sprosse.

Knirsch, macht die zweite Sprosse.

Krach!, macht die dritte Sprosse

und bricht mittendurch.

„Hilfe!", schreit Lena.

„Keine Panik!", ruft Paul.

Er klettert auf eine große

und zieht Lena zu sich herüber.

Dann klettern beide von dort aus

auf den Heuboden.

Paul und Lena plumpsen ins  .

„Puh!", schnauft Lena.

„Das war knapp!"

„Alles nur wegen Amanda!", meint Paul.

„Piep, piep!"

„Was war das?", fragt Lena.

Die Kinder durchwühlen

das  .

Aber keine von Amanda.

„Was ist denn das?", fragt Lena

und zeigt auf einen Kasten,

der oben unter dem  hängt.

„Das ist nur ein alter

für eine  ", antwortet Paul.

Lena schleicht sich an

den  heran.

Ganz leise hebt sie

den Deckel an.

Dort sitzt Amanda und brütet!

Drei  sind

schon aus dem

geschlüpft!

Paul kommt dazu.

Er sieht, dass Amanda noch

drei  ausbrüten muss.

„Da steckst du also", lacht Paul.

Er überlegt.

„Heute Nacht schlafen wir

besser hier bei den  ",

sagt Paul.

„Genau. Mit

und 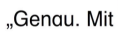 !", sagt Lena.

„Aber ich will eine andere haben!"

„Gut", sagt Paul.

„Zur Feier des Tages

bekommen alle

eine Extraportion Körner."

„Und wir eine Packung !"

Wörterliste

 Handy

 Federn

 Küken

 Hahn

 Bauernhof

 Stroh

 Fahrrad

 Huhn

 Tor

 Kamm

 Hühner

 Eier

 Hühnerstall

 Büsche

 Bach Eule

 Fuchs  Nistkasten

 Busch Ei

 Spur Schlafsack

 Leiter Taschenlampe

 Kiste Kekse

 Dach

Das Haushuhn

Hühner fressen Würmer, Körner und Insekten, die sie aus dem Erdboden scharren.

Männliche Hühner heißen Hahn, die weiblichen Henne.

Die Kinder der Hühner heißen Küken.

Haushühner können 2 kg schwer werden.

Kamm

Hahn

Stroh

Küken

Hühner legen Eier. Wenn man dem Huhn
das gelegte Ei wegnimmt,
legt es jeden Tag wieder ein neues.
Das Küken wächst im Ei heran.
Die Henne setzt sich drauf und brütet drei
Wochen lang. Dann befreit sich das Küken
selbst aus der Eierschale.
Schon ein paar Stunden später verlässt es
sein Nest für immer und läuft mit seiner
Mutter auf dem Hof herum.

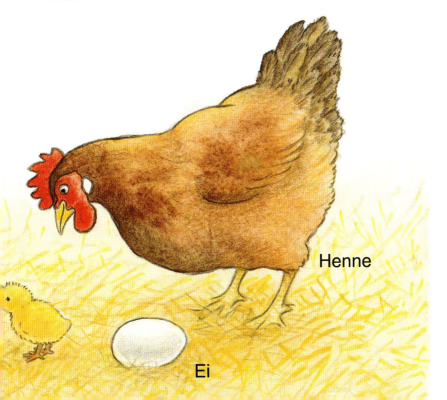

Henne

Ei

Lösungen

S. 66/67:
Pieps ist das Küken.
Paul ist Lenas Freund.
Lena geht mit Paul zur Schule.

S. 72/73:
Lena und Paul suchen Amanda.

Das beste Fahrrad der Welt

Eine Geschichte von Manuela Mechtel
mit Bildern von Gerhard Schröder

Ein besonderes Geschenk

Niko wünscht sich ein .

Schon lange! Sonst will er nichts.

Keinen , keinen neuen ,

nur ein  .

Gestern war sein Geburtstag.

Auf dem  stand

ein .

Aber kein einziges .

Niko hat sich gewundert.

Er hat die sieben  auf seinem ausgepustet.

Dann sollte er

die zumachen.

Und plötzlich stand vor ihm

ein nagelneues .

Mit einem und mit 21 Gängen!

Am baumelte dann

auch noch ein .

Darin war ein feuerroter .

Niko hat sich gefreut.

So tolle !

Sein Papa hat ihm stolz

das tiefe Profil der ,

die und die Federung

unter dem gezeigt.

„Damit kannst du über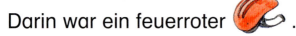

und fahren",

hat er gesagt.

Genau das übt Niko heute.

Der feuerrote  sitzt

fest auf seinem 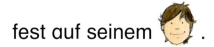 .

Wenn er den  hochreißt,

springt das  .

Die Kunst dabei ist,

nicht aus dem  zu fliegen.

Niko fährt in den 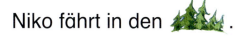 .

Den steilen  dorthin

schafft er im 3. Gang.

Leserätsel

Wie alt war Niko vorgestern?

 7 Jahre

 6 Jahre

 8 Jahre

Was setzt sich Niko auf den Kopf?

einen Hut
einen Fahrradhelm
eine Krone
ein Vogelnest

Das Mountainbike von Niko hat

- ◯ **R** einen Tacho.
- ◯ **I** einen Kofferraum.
- ◯ **N** einen Motor.
- ◯ **A** eine Federgabel.
- ◯ **E** ein Ruder.
- ✗ **D** eine Gangschaltung.

Schreibe die richtigen Buchstaben in das Lösungswort:
Ein Mountainbike ist ein FAHR __ __ __.

Was ist das?

Ein R __ __ __ __ __ p __ __ __ l.

93

Niko macht das schon

Im sieht Niko

seinen Nachbarn Udo.

Er geht mit seinem spazieren.

Niko tritt in die 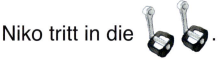.

Kleine spritzen zur Seite,

als er anhält.

Udo fällt das neue

gar nicht auf.

„Lilo ist weg", sagt er aufgeregt.

Er holt sein  aus der Tasche.

Dabei rutscht ihm die

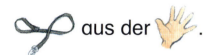 aus der .

„Fido!", schreit Udo.

So heißt der  .

Wie eine  zischt

Fido den  entlang.

„Jetzt haut auch noch der ab",

stöhnt Udo.

„Ich mach das schon!", ruft Niko.

Er sprintet mit seinem

hinter dem  her.

Fido hat einen ganz schönen

 drauf.

Der zeigt schon 31 km/h!

Aber da biegt der

auf einen schmalen ab.

Niko bremst und flitzt

so schnell er kann hinterher.

Morsche  zerbrechen

unter seinen ⊙ ⊙ ,

als er darüber fährt.

Der 🐕 bellt. Aber wo?

Niko hat ihn aus den  verloren.

Leserätsel

Wen trifft Niko im Wald?

Uli   Udo

Ida   Ali

Wer ist hier verborgen?
Male alle Felder mit einem Punkt aus.

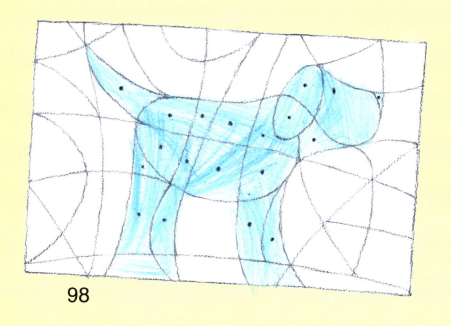

Was zeigt ein Tacho an?

- Ⓐ die Uhrzeit
- Ⓘ die Temperatur
- ⊗ Ⓞ die Geschwindigkeit
- Ⓔ das Gewicht von Niko
- Ⓤ die Jahreszeit

Trage den richtigen Buchstaben ein:
Fidos Frauchen heißt LIL __.

Wie kommt Niko zu Fido?

Gerettet!

Niko folgt dem Bellen von Fido.

Ein umgekippter  liegt

mitten auf dem .

Niko springt mit dem darüber.

Die 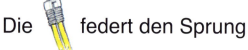 federt den Sprung

gut ab.

Dann hört Niko eine Stimme: „Fido!"

Der 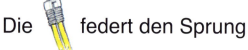 macht eine Kurve.

Niko bremst scharf!

Lilo liegt auf dem Boden.

Der  hört auf zu bellen.

„Was für ein Glück,

dass du kommst, Niko!

Ich bin beim Joggen

über einen gestolpert.

Mein hat laut gekracht

und mit dem bin ich

auf einen gefallen", erzählt Lilo.

Sie hat eine Beule am .

Vorsichtig fasst sie

mit der daran.

„Dann weiß ich nichts mehr.

Ich bin aufgewacht,

als mein  geklingelt hat.

Irgendwo da."

Lilo zeigt auf die .

In dem Moment klingelt es wieder!

Fido saust in die .

Niko lacht, als der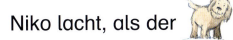

mit dem im Maul zurückkommt.

Lilo nimmt es in die .

Udo ist dran.

„Ich bin im  hingefallen,

Liebling", sagt Lilo.

„Mein  ist gebrochen.

Aber Niko ist bei mir.

Und der !"

Udo ruft sofort einen .

Niko fährt zurück zu Udo.

So schnell er kann.

Durch den 🌲,

über 🪵 und 🪨,

die 🖐️ fest am 🔧.

Dann führt er Udo und die

zu der Stelle, wo Lilo mit Fido wartet.

Die  legen Lilo

auf eine .

„Ohne Niko und sein

hätte ich dich nie gefunden",

sagt Udo erleichtert.

„Auch nicht ohne diesen klugen ",

lächelt Lilo.

Stolz nimmt Niko die

in die

und steigt auf sein .

Wörterliste

 Mountainbike	 Tacho

 Fußball	 Lenker

 Gameboy	 Fahrradhelm

 Tisch	 Reifen

 Geburtstagskuchen	 Federgabel

 Geschenk	 Sattel

 Geschenke	 Stock

 Kerzen	 Stöcke

  Augen	 Stein

Steine
 Kopf
 Wald
 Weg
 Hund
 Pedale
 Handy
 Hundeleine
 Hand

 Hände
 Rakete
 Zahn
 Baumstamm
 Bein
 Büsche
 Notarztwagen
 Sanitäter
 Trage

Und so sieht das Mountainbike von Niko aus:

Lösungen

S. 92/93:
Vorgestern war Niko 6 Jahre alt.
Niko setzt sich einen Fahrradhelm auf den Kopf.
Das Mountainbike von Niko hat einen Tacho, eine Federgabel und eine Gangschaltung.
Ein Mountainbike ist ein FAHRRAD.
Ein Reifenprofil.

S. 98/99:
Niko trifft Udo im Wald.
Fido ist auf dem Bild.
Der Tacho zeigt die Geschwindigkeit an.
Fidos Frauchen heißt LILO.

Die Autoren und Illustratoren der Geschichten

Peter Friedl, geboren 1963 in Magdeburg, studierte nach einer Ausbildung zum Buchbinder Malerei an der Hochschule für Kunst und Design Burg Giebichenstein in Halle. Seit 1990 lebt Peter Friedl als freischaffender Illustrator in Berlin.

Sigrid Leberer studierte Visuelle Kommunikation und Grafik-Design in Aachen. Seit Beendigung ihres Studiums arbeitet sie sehr erfolgreich und mit großer Begeisterung als Illustratorin für verschiedene Verlage. Mit ihrem Mann, der ebenfalls Illustrator ist, und ihren drei Kindern lebt Sigrid Leberer in der Nähe von Münster.

Manuela Mechtel studierte Klavier, Komposition und Philosophie, bevor sie sich entschloss, Puppenspielerin zu werden. Seit ihre beiden Kinder erwachsen sind, kann Manuela Mechtel ihre Träume vom Reisen und Schreiben wahr machen. Sie hat schon viele Lieder, Theaterstücke und Geschichten für Kinder geschrieben, in Buchform und für das Kinderradio.

Ulrike Pohlmann, geboren 1967 in Pinneberg, studierte in Münster auf Lehramt für die Primarstufe und arbeitet seit 1993 als Grundschullehrerin. Freiberuflich schreibt sie interessante und lustige Bücher für Grundschulkinder.

Mit ihrer Familie lebt Ulrike Pohlmann in der Nähe von Hamburg.

Gerhard Schröder, geboren 1963, studierte Kommunikationsdesign und Illustration in Hamburg. Dort lebt er auch heute mit seiner Frau und zwei Kindern. Gerhard Schröder arbeitet als Grafiker und Illustrator und hat mehrere Bilder- und Kinderbücher illustriert.

Antje Schwenker, geboren 1964 in der Rattenfängerstadt Hameln, hat nach dem Studium zehn Jahre als Journalistin gearbeitet, bevor sie ihr Herz für Kinder entdeckt hat und Lehrerin geworden ist. Neben dem Schulalltag schreibt sie spannende Geschichten für Leseanfänger. Antje Schwenker hat zwei Töchter, die inzwischen schon lange lesen können.

Irmtraud Teltau hat Illustration an der Fachhochschule für Gestaltung in Hamburg studiert. Seit ihrem Abschluss als Diplom-Designerin arbeitet sie freiberuflich als Illustratorin. Schwerpunkt ihrer Tätigkeit ist die Kinder- und Jugendbuchillustration. Seit einiger Zeit ist Irmtraut Teltau auch beim Kindertheater „Zeppelin" in Hamburg tätig.

Liebe Eltern,

alle Kinder wollen lesen lernen, aber das ist nicht immer einfach. Es ist wie mit dem Fahrradfahren: Man lernt es nur durch Übung – also durch das Lesen selbst.

Die Lesemaus zum Lesenlernen bietet Leseanfängern spannende Geschichten zum Selberlesen. Mit lustigen und kniffligen Leserätseln können die Kinder ihre Lernerfolge selbst überprüfen. Außerdem gibt es in jeder Geschichte eine Doppelseite mit kindgerecht aufbereiteten Sachinfos.

Die Geschichten erscheinen in drei Lesestufen. Das ermöglicht das Lesenlernen in kleinen Schritten.

Die beliebtesten Geschichten der ersten Lesestufe erscheinen in diesem Sammelband und wecken die Lust der Kinder am Lesen und Mitdenken.

Ihnen und Ihren Kindern viel Spaß beim Vorlesen, Mitlesen und Selberlesen!

Die drei Lesestufen

Erste Geschichten für Leseanfänger
Bilder ersetzen Namenwörter
Große Fibelschrift

Einfache Geschichten für Erstleser
Klare Textgliederung, einfache Sätze
Große Fibelschrift

Kleine Geschichten für geübte Erstleser
Fließtext
Kurze Leseportionen

Alle Bücher haben Leserätsel
zur Lernkontrolle und zusätzliche
Infoseiten zum Thema.

LESEMAUS

Lesestufe 1

Für Leseanfänger

Band 312
ISBN 978-3-551-06312-0

Bilder ersetzen Namenwörter

Große Fibelschrift

zum Lesenlernen

Band 302
ISBN 978-3-551-06302-1

Band 307
ISBN 978-3-551-06307-6

Band 309
ISBN 978-3-551-06309-0

Band 310
ISBN 978-3-551-06310-6

Band 314
ISBN 978-3-551-06314-4

Band 317
ISBN 978-3-551-06317-5

LESEMAUS

Lesestufe 2

Für Erstleser

Band 404
ISBN 978-3-551-06404-2

Klare Textgliederung, einfache Sätze

Große Fibelschrift

zum Lesenlernen

Band 401
ISBN 978-3-551-06401-1

Band 407
ISBN 978-3-551-06407-3

Band 411
ISBN 978-3-551-06411-0

Band 412
ISBN 978-3-551-06412-7

Band 413
ISBN 978-3-551-06413-4

Band 417
ISBN 978-3-551-06417-2

Noch mehr Bücher gibt es unter www.lesemaus.de

LESEMAUS

Lesestufe 3

Für geübte Erstleser

Band 512
ISBN 978-3-551-06512-4

Fließtext

Kurze Leseportionen

zum Lesenlernen

Band 502
ISBN 978-3-551-06502-5

Band 505
ISBN 978-3-551-06505-6

Band 506
ISBN 978-3-551-06506-3

Band 511
ISBN 978-3-551-06511-7

Band 514
ISBN 978-3-551-06514-8

Band 516
ISBN 978-3-551-06516-2

Noch mehr Bücher gibt es unter www.lesemaus.de

Spaß und Spannung für Jungs

Band 313
ISBN 978-3-551-06313-7

Band 314
ISBN 978-3-551-06314-4

Band 413
ISBN 978-3-551-06413-4

Band 513
ISBN 978-3-551-06513-1

Band 514
ISBN 978-3-551-06514-8

© 2009 Ursel Scheffler, Lizenz durch KIDDINX Merchandising GmbH, Hamburg

Lesenlernen mit Conni

Band 305
ISBN 978-3-551-06305-2

Band 404
ISBN 978-3-551-06404-2

Band 507
ISBN 978-3-551-06507-0

Band 319
ISBN 978-3-551-06319-9

Band 412
ISBN 978-3-551-06412-7

Englische Ausgabe mit Vokabelhilfe

Online-Spaß für alle Conni-Fans!

- Vorab-Leseproben
- Gästebuch
- Newsletter u.v.m.

Jetzt reinschauen unter **www.conni-club.de**

Die **LESEMAUS** ist eine eingetragene Marke des Carlsen Verlags.

Sonderausgabe im Sammelband 6. Auflage 2010
Umschlagkonzeption und Illustration der Lesemaus: Hildegard Müller
Lesemaus-Redaktion: Anja Kunle
Umschlagillustration: Catharina Westphal
Herstellung: Nicole Boehringer
Druck und Bindung: Gruppo Editoriale Zarnardi, Italy
ISBN: 978-3-551-06601-5
Printed in Italy

Eine Nacht im Zelt
© Carlsen Verlag GmbH, Hamburg 2005

Otto auf der Ritterburg
© Carlsen Verlag GmbH, Hamburg 2005

Kükenalarm auf dem Bauernhof
© Carlsen Verlag GmbH, Hamburg 2005

Das beste Fahrrad der Welt
© Carlsen Verlag GmbH, Hamburg 2006